O Milagre do Nascimento

O Milagre do Nascimento

Um Estudo Clarividente da Vida Pré-natal

Geoffrey Hodson

The Theosophical Publishing House
Adyar, Madras 600 020

Direitos Reservados à
EDITORA TEOSÓFICA
SGAS Quadra 603, Conj. E s/nº
70.200-630 – Brasília-DF – Brasil
Tel.: (61) 3322.7843
Fax: (61) 3226.3703
E-mail: editorateosofica@editorateosofica.com.br
Site: www.editorateosofica.com.br

H 687   Hodson, Geoffrey (1886/1983)

O milagre do nascimento
um estudo clarividente da vida pré-natal
Editora Teosófica-Brasília-DF.

Tradução: The miracle of birth – a clarivoyant study
of prenatal life
ISBN: 978-85-7922-068-5

1.Teosofia
II.Título

CDD 212

Tradução: Valmiki Sampaio de Albuquerque
Revisão conforme novo acordo ortográfico:
Solimeire Oliveira
Diagramação: Reginaldo Mesquita
Capa: Marcelo Ramos
Impressão: Gráfika Papel e Cores

"Elevai as mulheres de vossa Raça até que todas sejam vistas como rainhas; e que todo homem seja um rei para cada uma dessas rainhas, honrando-se mutuamente por reconhecer a realeza um no outro. Que cada lar, por menor que seja, se torne uma corte; cada filho, um cavaleiro; cada criança, um pajem. Que todos se tratem com generosidade, reverenciando um no outro sua ascendência real, seu régio nascimento; pois há sangue real em todos os homens – todos são filhos do Rei".

(*Fraternidade de Anjos e Homens*,
de Geoffrey Hodson)

Sumário

Introdução 09
Prefácio 11
Parte I: 13
Capítulo 1
    Homem 15
Capítulo 2
    Uma teoria sobre a função criadora 19
Parte II: A construção dos corpos 25
Capítulo 3
    O corpo mental no quarto mês 27
Capítulo 4
    O corpo emocional no quarto mês 33
Capítulo 5
    O trabalho dos espíritos da natureza observado
    no quinto mês 37
Capítulo 6
    Os corpos denso e etérico no quinto mês 41
Capítulo 7
    O sexto mês 47
Capítulo 8
    O oitavo mês 55
Capítulo 9
    Nossa Senhora 59
Capítulo 10
    O oitavo mês (continuação) 63
Capítulo 11
    A hora que antecede o nascimento 67

Introdução

No momento em que o clamor pela redução da mortalidade materna e infantil está finalmente recebendo alguma atenção, a publicação desse livro se faz oportuna.

Sócrates ensinou que "o início é a parte mais importante de qualquer trabalho, especialmente em se tratando de algo novo e frágil". Atualmente, Sir Frederick Truby King tem assinalado que, se a saúde da Raça deve ser beneficiada, os primeiros dezoito meses (nove pré-natais e nove pós-natais) seriam os mais importantes. Cada vez mais tem se percebido que as bases da saúde física, emocional e mental são assentadas antes do nascimento. Esse livro lança significativa luz na colocação desses fundamentos.

Estudos como esse auxiliam no melhor entendimento do milagre do nascimento e assim promovem o devido respeito à maternidade, que certamente é marca de civilidade em comunidades. Estimulam particularmente aqueles entre nós que estejam engajados em trabalhos com mães e bebês.

Quando um clarividente se posiciona ao lado de investigadores científicos, como o faz o Sr. Hodson, lembramo-nos de que não há muito a clarividência era popularmente considerada uma arte errante.

Parece provável que o avanço na prática das artes de cura deva ser feito em linhas que considerem a vida mais que a forma na qual habita. Se assim o for, o clarividente será capaz de prestar valioso serviço em um futuro próximo, fornecendo conhecimento sobre os complexos trabalhos da Natureza, e nos habilitando a melhor compreendê-la e cooperar com ela.

Espero que brevemente o Sr. Hodson possa publicar os resultados de mais pesquisas.

C. V. Pink
Londres, 1929.

Prefácio do Autor

Esse relato de investigações clarividentes é publicado na esperança de trazer acréscimos ao conhecimento geral sobre a paternidade, a partir de um estudo do ponto de vista teosófico.

Um dos muitos eventos que estão ocorrendo no atual período de transição da velha civilização para a contemporânea é o surgimento de uma nova variedade de Raça[1]. Segundo os princípios teosóficos, são os homens e as mulheres desse novo tipo que conceberão os pioneiros e construtores da civilização vindoura.

A Teosofia ensina que o processo da evolução é dual: consiste no desdobramento de vida e consciência por um lado; e no crescimento gradativo em direção a um modelo de perfeição da matéria e da forma por outro. O ideal é que esses dois desenvolvimentos complementares mantenham o ritmo de um com o outro, de modo que o desdobramento da consciência encontre matéria adequada para a construção dos veículos em que se expresse.

Se essa visão for aceita e aplicada à vida humana, será ao mesmo tempo percebida a máxima importância de que os veículos das crianças da nova era sejam construídos da melhor matéria, e concebidos, nascidos e nutridos sob as condições mais favoráveis possíveis que se possa prover.

---

[1] As raças humanas são em número de sete. Admitida a natureza sétupla do homem, cada um de seus Princípios guarda relação com um plano, um planeta e uma raça. As Raças Raízes nascem uma da outra; crescem, se desenvolvem, envelhecem e morrem. A atual raça do globo é a Quinta Raça ou Ária. ("Glossário Teosófico", de Helena P. Blavatsky – Editora Ground)

Os deveres e a responsabilidade de todos que tomam a paternidade a seu cargo são, portanto, bastante pesados. São necessários corpos puros, sensíveis, refinados e saudáveis para os Egos[2] adiantados que irão liderar e guiar a humanidade na construção da nova civilização. Tais corpos só podem ser produzidos por pais que reconheçam sua responsabilidade para com a Raça. Os pais das crianças da nova era devem se inspirar nos mais elevados ideais espirituais e devem reconhecer que o poder criador no homem é um atributo divino.

A proposta do estudo clarividente da formação e do desenvolvimento dos corpos mental, emocional e físico do homem durante o período intrauterino, cujos resultados são apresentados nesse livro, mostra a imensa importância da atitude mental e espiritual dos pais.

Casamento e paternidade são, de fato, sacramentais em sua natureza; a maternidade é sagrada e deve merecer toda reverência. Os filhos deverão provir de uniões inspiradas pelo amor mais profundo e altruísta, e pelo mais alto idealismo espiritual; pois somente assim a promessa de uma humanidade mais nobre no futuro imediato poderá ser cumprida e poderão nascer as crianças da nova Raça.

---

[2] Ego Interno ou Superior: *Manas*, o "quinto" princípio, assim chamado independentemente de *Buddhi*. É a *individualidade* permanente, ou o "Ego reencarnante". (*A Chave para a Teosofia*, de Helena P. Blavatsky, p.156 – Editora Teosófica)

Parte I

Capítulo 1

O homem

Para que a concepção teosófica do propósito e do processo de encarnação possa ser claramente compreendida, é necessário fazer um breve apanhado dos ensinamentos da Sabedoria Antiga sobre esse assunto.

Vivemos numa idade em que é usual no Ocidente considerar o homem como sendo o corpo. A alma é provavelmente imaginada como se fosse um balão cativo flutuando em algum lugar invisível acima da cabeça do corpo. A concepção geral daqueles que de algum modo cogitam na existência da alma é que o homem *é* um corpo e tem uma alma[3]. A Teosofia inverte essa declaração e diz que o homem *é* uma alma e tem um corpo. Assim o expressou São Paulo: "Se há um corpo natural, há também um corpo espiritual". A definição teosófica de homem é: o homem é o ser no qual, qualquer que seja a parte do universo em que se encontre, nele estão unidos pelo intelecto o mais elevado espírito e a matéria mais inferior. A Sabedoria Antiga, representada pela Teosofia moderna, ensina que o verdadeiro Ser do homem jaz profundamente oculto atrás de véu após véu de matéria de

---

[3] O autor se refere ao Ser interno que habita os veículos da personalidade, comumente referido como Espírito ou *Ātman* na literatura teosófica. (N. E.)

vários graus de densidade.

O processo de nascer é extremamente complexo, pois além de seu corpo físico, o homem também se encarna em outros corpos. Aquele através do qual suas emoções são expressas pode ser chamado seu corpo emocional; e aquele através do qual seus pensamentos são expressos pode ser denominado seu corpo mental. Ele próprio, o verdadeiro Ego, habita em uma região muito mais elevada e sutil, em um veículo chamado corpo causal. A verdadeira alma do homem, portanto, reside em mundos supermentais, em níveis nos quais os atributos divinos de Vontade, Sabedoria e Inteligência nele se manifestam muito mais livremente do que seja possível naqueles mundos mais inferiores, nos quais a densidade da matéria os esconde de nossa visão.

O propósito da evolução do homem – como também do universo – é que esses três atributos da Trindade possam brilhar externamente, com esplendor e poder sempre crescentes. O método da evolução corresponde a uma série de sucessivos nascimentos e mortes nos mundos mental, emocional e físico[4].

O homem é o Filho Pródigo da parábola. Todo homem sai de sua morada espiritual para o exterior e para baixo, penetrando nas profundezas do universo material, revestindo-se de corpo após corpo até que o mais denso seja alcançado. "E de bom grado ele se saciava com as cascas que os porcos comiam".

Finalmente, depois de muitas centenas de encarnações, ele começa a aprender a lição da irrealidade e impermanência de

---

[4] Para informações mais detalhadas sobre o assunto, consultar *A Sabedoria Antiga*, de Annie Besant, capítulos 7 e 8 – Editora Teosófica. (N.E.)

todos os prazeres físicos. Uma ânsia por contentamento e paz mais permanentes e duradouros nasce em seu interior. Assim é que ele diz: "Eu despertarei e irei até meu Pai, e a Ele direi: Pai, tenho pecado contra o céu e aos teus olhos; não mais sou digno de ser chamado teu filho". Ele aprende que o "paraíso" só pode ser "recuperado" quando ele houver se libertado dos grilhões do desejo com que ele se acorrentou à matéria. Ele deverá desatar esses grilhões, um a um, de seus membros; dominar cada fraqueza da carne; conquistar e purificar cada desejo; controlar e aperfeiçoar cada pensamento.

A luz do verdadeiro homem, o Ego imortal, começa então a brilhar através dos corpos. Algo do poder, da paz e da bem-aventurança, que são características da sua verdadeira morada nos mundos superiores, começa a ser percebido e experimentado nos mundos inferiores. Ele, de fato, começa a trilhar "o caminho do retorno", que o levará à completa emancipação de todo sofrimento terreno, de toda limitação física, à eterna paz e felicidade. Finalmente, ele será saudado ao término de sua jornada; sua tarefa estará concluída e todas as lições humanas aprendidas. Ficará ao lado de seu Pai, "perfeito como seu Pai no céu é perfeito".

> *Necessidade alguma tem tal homem de viver*
> *aquilo que chamais de vida;*
> *Aquilo que nele começou quando ele principiou,*
> *está terminado.*
> *Ele construiu o propósito do que o tornou um Homem*

Os anelos jamais o torturarão,
Nem os pecados irão maculá-lo,
Nem a dor das alegrias e tristezas terrenas
Invadirão sua paz segura e eterna;
Nem as mortes e as vidas sucederão.
Ele segue para o NIRVANA. *Ele é uno com a vida;*
contudo não vive.
Ele é abençoado, deixando de ser.
OM MANI PADME HUM[5]
A gota de orvalho desliza
Para o mar radioso.

(*A Luz da Ásia*, Edwin Arnold – Editora Teosófica).

---

[5] *Om Mani Padme Hum*: o *mantra* clássico do Budismo (especialmente tibetano); é uma invocação a *Avalokiteshvara* (a energia da compaixão).

Capítulo 2

Uma teoria sobre a função criadora

O método bissexual de reprodução tem se revelado através das idades como fonte de sofrimento para a espécie humana, de modo que o estudante pode até ser perdoado ao indagar se os resultados benéficos, obtidos pelo seu emprego, são suficientemente valiosos para contrabalançar os males a que tem dado causa. Um estudo mais profundo do assunto, do ponto de vista teosófico, nos mostra, contudo, que não é o método em si o responsável pelos muitos males associados à função criadora, mas que o seu uso impróprio é que se constitui a fonte de tantas desventuras para o homem.

Esses males são tão proeminentes, nos tempos atuais, que nos parece ser da máxima importância mudar a nossa atitude a respeito de tudo que se refere à questão do sexo.

Deveríamos nos empenhar para remover a fealdade, a viciosidade e a impureza que têm permanecido associadas à função criadora.

O poder de criar é um dos mais divinos atributos que o homem possui. No exercício desse poder, ele representa no microcosmo o drama da criação no macrocosmo. A fusão dos organismos masculino e feminino é um reflexo físico da união do primeiro e do terceiro aspectos do *Logos*, e da qual procede Seu segundo aspecto. É uma representação sacramental do grande drama da criação do universo. Quando a sua realização é motivada por amor puro e é recíproco, unem-se as duas metades de Deus, representadas no homem e na mulher.

Idealmente, essa união deveria ocorrer em todos os planos da Natureza em que o homem se manifesta. E à medida que prossegue a evolução do indivíduo, o nível dessa fusão deveria elevar-se mais e mais. No selvagem, esse nível é em maior proporção físico e emocional. No homem civilizado, está incluído o mundo mental e em alguma medida é alcançada a união mental. O homem desenvolvido, que começa a atingir a consciência intuitiva, deveria visar e atingir a fusão no plano espiritual da mesma forma que em todos os níveis inferiores.

Quando se consuma a união ideal, as duas porções dos princípios humanos tornam-se mutuamente afinadas, vibram sincronicamente, e se fundem em uma só.

Quando os órgãos de polaridade oposta se unem, realiza-se uma descida de força. A quantidade e a qualidade dessa força dependem do nível de consciência em que se realiza a união.

No homem, a descida de força produz uma expansão de consciência que pode ser apreciada na medida em que tenha sido espiritual a união em sua natureza e motivação, em vez de simplesmente física. Para conseguir o maior proveito possível desse fato, a consciência deve ser retirada do plano físico e dirigida para o espiritual.

Deve então ser atingido o mais alto nível de força, alcançada a maior expansão possível de consciência, e propiciadas as melhores condições para a construção dos corpos do Ego em via de encarnar-se.

Não se pode negar que, na presente fase do saber e desenvolvimento do homem, o método bissexual de reprodução é fonte de grandes dificuldades para toda a Raça Humana. Se, contudo, aceitarmos a ideia de que a fusão mental e espiritual deva acompanhar a união física, haveremos de ver que ela pode ter sido instituída com o fim de ajudar a humanidade a ganhar expansão de consciência e a realizar a unidade por meio de uma experiência eficaz dessa expansividade no ato procriador, frequentemente repetido.

O abuso do sexo seria quase inevitável, e deve ter sido previsto. Apesar da generalizada miséria advinda em consequência desse abuso, o método tem desempenhado um grande papel no desenvolvimento da Raça, e sem dúvida alguma desempenhará um papel ainda maior quando as suas mais altas possibilidades vierem a ser realizadas.

As pesquisas clarividentes sugerem que o princípio, pelo qual a perfeita sincronização de um par opostamente polarizado libera energia de planos mais elevados, opera através de toda a Natureza.

A vida que está por trás do vegetal, por exemplo, recebe uma vibração especial das forças de vida planetárias, que descem a ela toda vez que ocorre a fertilização. Sempre que a resposta é dada, acelera-se a sua evolução. As flores mais altamente desenvolvidas e sensíveis da época atual já começam a responder de forma crescente ao estímulo daquela descida de força.

Nas futuras Raças-raízes, como nas ulteriores Rondas[6], o poder de resposta no reino vegetal e nos outros reinos da Natureza tenderá naturalmente a se tornar cada vez maior e mais autoconsciente.

A aceitação dessa teoria do sexo coloca o homem numa posição de considerável responsabilidade no tocante ao bom ou mau emprego do poder criador. Só o ser humano, em todos os reinos da Natureza, é autoconsciente e autodirigente no exercício da função reprodutiva. O mau uso dela, por causa da ignorância de seu subjacente significado espiritual e das grandes forças implicadas no ato procriador, acarreta resultados que são realmente sérios, quer para o indivíduo, quer para a Raça.

A saúde física, mental e moral são afetadas, do que resulta a deterioração da capacidade espiritual, mental e física. O aguçado fio de todas as faculdades humanas fica enfraquecido. A acuidade, o esmero, a penetração e o gênio, que deveriam caracterizar o poder mental do Ser divino em evolução que é o homem, gradualmente cedem lugar à mediocridade e à preguiça mental.

Os novos corpos produzidos por aqueles que habitualmente usam mal o seu poder criador malogram miseravelmente no provimento de templos adequados ao Ser divino interno em via

---

[6] Considerando as encarnações da cadeia [planetária], os *manvantaras*, aprendemos que esses são também divisíveis em sete estágios; uma onda de vida do *Logos* planetário é emitida ao redor da cadeia, e sete dessas grandes ondas de vida, cada uma delas denominada "ronda", constituem um *manvantara* simples. (*A Sabedoria Antiga*, Annie Besant, p. 231 – Editora Teosófica)

de se encarnar neles. A atmosfera psíquica do lar e da área em que tais práticas ocorrem não só afeta as crianças em desenvolvimento, que são extremamente sensíveis a essas invisíveis influências, como também a todos que ficam sob o alcance de suas emanações impuras.

Essas condições aumentam de intensidade pela presença de certos elementais[7] que se banham nessa atmosfera, extremamente agradável e estimulante para eles. Por sua vez, esses elementais, naquelas influências, têm aumentados o alcance, a densidade e o poder de afetar os pensamentos, sentimentos e as vidas das pessoas. A significação desse fato será mais facilmente avaliada quando considerarmos, em capítulo posterior, os processos pelos quais são constituídos os corpos sutis e o corpo físico da criança.

São sérios os efeitos do mau uso do poder criador, resultantes da ignorância; mas são quase infinitamente mais graves aqueles que procedem da continuação desse mau emprego depois que se adquiriu o conhecimento. É, por conseguinte, da maior importância – para a evolução do indivíduo, para o progresso da Raça e para a construção da nova civilização – que o ideal de pureza sexual seja aceito e aplicado por todos aqueles que têm os interesses da Raça em seu coração. A união que expressa o mais puro amor pode enobrecer e exaltar as vidas e consciências daqueles que atingem o autocontrole e a mais

---

[7] São esses os verdadeiros elementais, ou criaturas dos elementos terra, água, ar, fogo e éter, e eles estão verdadeiramente ocupados em levar adiante as atividades concernentes aos seus respectivos elementos; são eles os canais através dos quais as energias divinas operam nesses diversos campos, a expressão viva da Lei em cada um. (*A Sabedoria Antiga*, Annie Besant, p. 36 – Editora Teosófica)

pura expressão de sua afeição mútua. A união que seja mera gratificação da paixão animal serve apenas para degradar tanto o corpo como o Espírito. Ela macula o ideal da pura e graciosa feminilidade, que deveria atingir sua mais alta expressão física na maternidade.

Toda mulher é expressão e representante do aspecto feminino da Divindade. Por ocasião do parto, a mãe representa o seu papel no drama imperecível da criação. O filho que ela dá à luz é o seu universo microcósmico. Ser pai ou mãe é, na realidade, um sacramento que não se deve profanar levianamente.

À medida que o conhecimento aumentar, que o autocontrole for praticado, e o amor crescer em grandeza, altruísmo e beleza, aquele ideal uma vez mais governará a vida dos homens e das mulheres. Então nascerá uma bela Raça, que ofuscará até mesmo a imortal beleza dos antigos gregos. O conhecimento e o poder das Raças vindouras terão sido acrescentados à beleza helênica, formando a Trindade essencial; e somente a partir daí poderá se desenvolver uma humanidade perfeita e uma civilização ideal.

Parte II

A construção dos corpos

As informações contidas nos capítulos seguintes foram obtidas a partir do emprego da clarividência como meio de pesquisa.

Foi feita uma tentativa de examinar por clarividência os vários corpos nos diferentes estágios do processo de encarnação, começando-se pelo quarto mês.

Capítulo 3

O Corpo Mental no quarto mês

No quarto mês, o corpo mental foi visto quase descolorido, de contorno vago e forma ovoide. Era visível, à superfície, certa opalescência que dava a impressão de cor. O interior do corpo revelava a existência de matizes muito delicados de amarelo, verde, róseo e azul pálidos, com violeta em torno da parte superior da periferia. Os matizes eram tão delicados que apenas sugeriam cores, em vez de as expressarem definidamente – antecipações das características do corpo mental em construção.

As partículas de que se compunha todo o corpo mental apresentavam-se num estado de rápido movimento; e até então, na superfície, mal se percebiam centros de força organizados[8].

Dentro desse corpo, podia-se distinguir a vaga aparência de uma forma humana, em que os centros ou *chakras* embrionários eram visíveis. Os centros da cabeça estavam bem mais

---

[8] Os *chakras*, ou centros de força, são pontos de conexão ou enlace pelos quais flui a energia de um a outro veículo ou corpo do homem. (*Os Chakras*, C. W. Leadbeater, p. 19 – Editora Pensamento)

adiantados, particularmente o *brahmarandhra*[9]. Na região desse *chakra*, a força parecia penetrar continuamente como através de uma abertura no cimo da cabeça.

Os germens dos centros da garganta, do coração, do plexo solar e o *mūladhāra*[10] também podiam ser vistos. Somente os centros da cabeça apresentavam grande atividade; e mesmo esses ainda não pareciam estar desempenhando suas funções definidas como *chakras*. O tempo todo, o Ego trabalhava arduamente na construção do seu corpo, fazendo descer forças sobre o mesmo e carregando seus átomos de poder vibratório específico.

No caso de um Ego adiantado, o conhecimento consciente tinha considerável emprego nesse processo. O homem desenvolvido possui uma ideia muito clara da espécie de corpo que lhe convém, e geralmente mostra firme determinação para obtê-lo.

A aparência geral do corpo mental embrionário, no caso investigado, era a de um ovoide opalescente com abertura no topo. Descendo por essa passagem havia um constante jogo de forças, que pareciam uma corrente de partículas de luz brilhantemente coloridas. No meio dele encontrava-se diafanamente a forma humana, e pelo cimo da cabeça penetrava a corrente da força descendente.

O corpo casual, veículo em que reside o Ego ou consciência a encarnar, era muito maior do que o novo corpo mental, e pa-

---

[9] Um ponto no vértice da cabeça, relacionado, através do *Suchumna* (um cordão da coluna espinhal), com o coração. (*Glossário Teosófico*, Helena P. Blavatsky – Editora Ground)

[10] O centro ou *chakra* inferior de distribuição das correntes, chamado "lótus inferior", situado na extremidade inferior da medula espinhal e oposto ao "lótus superior". (*Glossário Teosófico*, Helena P. Blavatsky – Editora Ground)

recia incluir a esse parcialmente, como se a metade superior do mental coincidisse com a metade inferior do causal. Foi possível ver a influência egoica descer e penetrar na extremidade superior do corpo mental, conforme a descrição acima. Todo esse fenômeno estava cercado de luz deslumbrante, incandescente, que aumentava de intensidade nas imediações do centro do corpo causal. A força descendente mantinha os átomos do corpo mental em constante movimento; e ao entrar em contato com a matéria de que era composto esse corpo, formava um vórtice para dentro, através do qual o restante dessa matéria estava sendo arrastado continuamente. Esse movimento, contudo, não afetava a forma geral, que permanecia ovoide, conforme a descrição acima. Ainda que a forma humana estivesse visível dentro do ovoide, não devemos julgá-la oca, e sim uma massa sólida, embora translúcida, de matéria em rápido movimento.

Cada átomo do corpo passava através do vórtice e da corrente descendente que o produzia e o magnetizava, aumentando a intensidade de seu brilho. E então se tornava gradualmente menos brilhante, à medida que fluía para outras porções do corpo mental. As cores daquela corrente pareciam variar – o que sugeria que o Ego estaria trabalhando conscientemente com faculdades definidas e magnetizando seu corpo mental com vibrações específicas.

Havia uma atuação recíproca e contínua entre o corpo mental da criança em formação e o da mãe. A conexão entre ambos produzia o efeito de dar estabilidade e coesão ao novo corpo, enquanto a luminosidade e o frescor da aura da criança acrescentavam brilho à aura da mãe. Era interessante comparar a condição relativamente fixa e rígida do corpo mental mais velho com a condição elástica e fluídica do novo corpo mental.

Fora da área dessa atividade, eram visíveis certos anjos[11]. Um desses trabalhava em nível mental, e parecia ter a construção dos três corpos a seu cargo; o outro, de caráter um tanto subalterno, trabalhava em nível emocional. O deva mental parecia exercer uma influência protetora, permitindo que somente certos graus de vibração, procedentes do mundo exterior, alcançassem o novo corpo. Ele parecia possuir um conhecimento completo daquelas influências que são o resultado de encarnações anteriores e que estavam modificando o crescimento e a formação dos novos corpos mental, emocional e físico.

Algumas das personalidades passadas do Ego a encarnar eram visíveis na aura do anjo. Uma delas parecia ter sido a de um homem do período elizabetano, e tinha-se a impressão de que a nova vida teria de ser uma continuação do trabalho e desenvolvimento daquela encarnação.

Agrupadas em torno dessa imagem de um corpo físico anterior, viam-se na aura do anjo numerosas outras formas de homens e mulheres do mesmo período, que aparentemente representavam as pessoas com as quais tinham sido formados laços por *karma*. Algumas delas sorriam, outras ostentavam feições severas, e outras ainda eram indiferentes.

Suas atitudes e expressões provavelmente mostravam o *kar-*

---

[11] Ver: *O Reino das Fadas*; *Fraternidade de Anjos e Homens*; *As Hostes Angélicas*; e *O Reino dos Deuses*, de Geoffrey Hodson.

ma das relações entre elas e o Ego cuja descida à encarnação estava sendo estudada.

No nível do corpo causal, havia outro grande anjo assistindo no processo de encarnação, para quem era conhecida a totalidade das vidas passadas e do *karma* do Ego. Ele passava ao seu irmão do nível mental inferior a seção particular do *karma* que deveria ser esgotado na vida nascente.

A encarnação mental prosseguia sob tais auspícios e guarda. Os devas subordinados assemelhavam-se a guardiães de uma imensa fogueira, a qual eles alimentavam continuamente com novos ingredientes. Essa nova matéria entrava na circulação do corpo mental acima descrito e, ao passar através do vórtice, era especializada pelo Ego.

Nessa incipiente fase do processo de encarnação, o Ego não parecia ter entrado completamente no corpo mental, embora já estivesse muito empenhado ativamente em sua construção. A forma diáfana em seu interior era, contudo, até certo ponto uma expressão e um veículo de sua consciência, que ele gradualmente começava a empregar com esse caráter.

Capítulo 4

O corpo emocional no quarto mês

A maior parte da tarefa do anjo, a quem estava incumbido o trabalho no nível emocional, consistia em obter o melhor corpo possível sob as condições do *karma* e ambientais. O conhecimento da situação do *karma* e a medida de o quanto ela afetava o corpo emocional eram passadas a ele[12] pelos anjos nos níveis mentais.

Todavia, certa amplitude de ação era concedida ao anjo, tirando ele proveito de todas as circunstâncias pré-natais favoráveis e de quaisquer influências relacionadas com as encarnações, a fim de modificar os efeitos das vidas passadas e melhorar o corpo emocional. Esse anjo não parecia realizar por si próprio qualquer trabalho de construção – conforme veremos depois, esse era o trabalho de espíritos menores da Natureza.

O anjo velava pela crescente forma astral com atitude nitidamente maternal, protegendo-a, no possível, de influências adversas. Ele permitia que o seu próprio magnetismo atuasse sobre a forma em construção, partilhando com ela, tanto quanto

---
[12] É usado o gênero masculino apenas por conveniência; anjos são assexuais.

possível, o vigor de suas próprias forças de vida. Algumas vezes, por exemplo, ele abarcava o pequeno corpo astral, cercando-o com sua aura e inclinando a cabeça, como para mantê-lo completamente envolto durante certo tempo.

Esse anjo realizava o seu trabalho com uma postura mental científica. E muito embora sentisse grande alegria e ternura para com a criança, sua atitude mental era a de alguém que deliberadamente aplica certas forças com o fim de produzir um resultado claramente definido. Quando o ambiente fornecia energia espiritual adequada – como, por exemplo, durante o tempo em que a mãe assistia ao serviço religioso na igreja ou a outra reunião espiritual –, ele absorvia aquela energia na medida do possível. O anjo então mantinha o corpo astral em crescimento dentro do seu, pela maneira descrita acima, a fim de que a energia atuasse por sobre e por dentro do mesmo, magnetizando-o e modificando qualquer tendências *kármicas* constrárias. Produziam-se assim condições de mais fácil resposta às vibrações superiores e, consequentemente, de menor resposta às inferiores.

No caso que estava sendo examinado, ambos os pais tinham praticado, por muitos anos, um sistema regular de meditação diária. Essa circunstância foi de grande valor, e o anjo tirava dela os melhores benefícios.

Nos locais densamente povoados das grandes cidades, considerável parte do trabalho do anjo consiste em proteger o embrião e seu corpo astral de influências adversas. Nos lugares em que a atmosfera psíquica é particularmente deletéria, o anjo pode convocar um ou mais dos seus irmãos para assisti-lo no trabalho.

Ele é capaz de produzir efeitos indiretos sobre os corpos físicos denso e etérico. Portanto, seria capaz de atenuar os resultados de um acidente ocorrido à mãe ou de um ambiente desfavorável naquele nível e dentro dos limites do *karma* do Ego. No caso, por exemplo, em que a mãe viesse a sofrer um choque, ele seria capaz de isolar o embrião pelo processo de envolvimento já descrito, minorando desse modo o efeito de uma interação muito íntima.

No entanto, em todo o trabalho do Ego, o fator principal é a atuação de suas próprias forças vitais sobre e através dos veículos de que ele está cuidando.

O corpo astral de uma criança aparece ao exame do observador como incluído pelo da mãe. E no caso particular que deu origem a essas descrições, ele ocupava, no quinto mês, uma posição correspondente ao espaço entre o terço superior da coxa e a extremidade inferior das costelas. Jazia obliquamente, com o eixo inclinado sobre o corpo da mãe num ângulo de 45 graus em relação ao horizonte. O polo superior encontrava-se do lado esquerdo. Ele tinha a aparência de um pequeno ovoide de trinta centímetros de comprimento, mais ou menos, quase totalmente branco e radioso. Dentro da radiação, era visível a miniatura de uma vaga forma humana, que nesse período se definia apenas parcialmente.

Já era possível ver a corrente de vida egoica entrar pela parte superior do corpo astral e penetrar no centro da cabeça. Até então, essa corrente não havia descido abaixo de um ponto correspondente ao meio da cabeça. Aí se ampliava numa esfera, da qual se projetava uma pequena intumescência em forma de radícula, que por volta do quinto mês já alcançara a garganta e se abria não em esfera, mas em ramificações, das quais se podiam distinguir três.

Esse processo, com as suas ramificações, era dourado e radiante, formando uma rede que, ao se estender pelo corpo, trançava-se mais compactamente à medida que progredia a construção do corpo.

A forma astral, no centro, guardava relação especial com o corpo físico em suas partes densa e etérica, as quais ela cercava e interpenetrava. Os átomos permanentes[13] astral e etérico estavam situados no local em que ocorria a primeira amplificação da corrente descensional de vida egoica, conforme o que ficou descrito acima, ou seja, no centro da cabeça, em um ponto que era também o centro da cabeça do embrião.

A aura materna não parecia interpenetrar muito livremente a da criança. Embora existisse certa comunicação entre os dois, o corpo da mãe movimentava-se em torno do exterior do corpo da criança, tendo o seu tamanho claramente aumentado graças à presença da forma que se desenvolvia dentro dele.

---

[13] Consideremos agora os fatores na reencarnação, [...] os corpos astral e mental transmitem ao homem propriamente dito, ao Pensador, os germes das faculdades e qualidades que resultaram das atividades da vida terrestre, e esses são armazenados no interior do corpo causal, as sementes dos seus corpos astral e mental seguintes. (*A Sabedoria Antiga*, Annie Besant, p. 141 – Editora Teosófica)

Capítulo 5

O Trabalho dos Espíritos da natureza observado no quinto mês

O embrião partilhava do *prāna*[14] físico da mãe, fluindo através dele sem que nesse período existisse quaisquer canais claramente definidos. A maior quantidade de *prāna* era retirada do plexo solar materno para um ponto correspondente do embrião, daí passando livremente a todas as regiões da forma embrionária. Havia, contudo, uma ligeira concentração de *prāna* na cabeça do embrião, mas o centro esplênico, por essa ocasião, ainda não havia entrado em atividade. A presença do embrião no interior do corpo materno fazia certamente as suas exigências sobre a vitalidade do corpo materno. No entanto, a mãe se capacitara a absorver e assimilar proporcionalmente uma quantidade muito maior de *prāna*.

---

[14] O alento de vida; o princípio da vitalidade na constituição setenária do homem; a energia ou potência ativa que produz todos os fenômenos vitais. (*Glossário Teosófico*, Helena P. Blavatsky – Editora Ground)

Os espíritos da Natureza também forneciam certa porção de vitalidade, que o embrião recebia toda vez que eles depositavam a matéria etérica na irradiante forma embrionária. O *prāna* era absorvido no momento em que eles reuniam o material. Esse procedimento fazia com que seus corpos adquirissem maior fulgor e expansão, enquanto que o duplo etérico do embrião também refulgia na região em que os pequeninos corpos descarregavam as partículas de matéria e a vitalidade.

Esses espíritos construtores da Natureza eram visíveis dentro do ventre materno no nível astral, onde eles apareciam trabalhando. Por vezes, semelhavam lampejos de luz opalescente; e outras, pontos coloridos a se moverem rapidamente, dando a impressão de grande atividade. Cada um desses lampejos tinha um centro mais luminoso, com o diâmetro aproximado de um milímetro e meio, cercado de minúscula aura brilhantemente colorida, com cerca de três vezes o diâmetro do centro brilhante. Os espíritos construtores também absorviam matéria do exterior, assimilavam-na e a descarregavam no feto. Essa absorção ocorria no espaço livre, dentro e em volta do útero. Eles "apanhavam" e absorviam a matéria, que era arrastada para dentro do feto junto com as correntes de força. Depois, aquela matéria passava por um processo de assimilação análogo ao da digestão. Quando o processo estava completo, os espíritos da Natureza voltavam ao feto, mergulhavam nele e assim depositavam o novo material.

Centenas dessas minúsculas criaturas trabalhavam – todas com a mesma aparência e usando o mesmo método. Contudo, nem toda a matéria recolhida passava por eles. Uma parte entrava diretamente em posição, conforme descrito anteriormente; ao passo que outra parte penetrava a área do ventre e ali ficava em suspensão, até que os espíritos da Natureza a assimilavam e a empregavam na construção do feto. Existia uma distinta nota musical perceptível na vizinhança do ventre, nos níveis etérico e astral, que se parecia com um zumbido suave, não muito diferente do que se ouve próximo a uma colmeia de abelhas, sendo o mesmo emitido primariamente pelo átomo permanente. Mas como todo o duplo etérico do embrião e os espíritos da Natureza que trabalhavam nele também vibravam com a mesma frequência, o ventre ficava cheio daquele som etérico.

Essa vibração exercia uma influência tão formativa quanto protetora. Ela atuava continuamente sobre a forma do corpo em crescimento, mantendo ao mesmo tempo, dentro de sua esfera de influência, uma condição em que somente podiam penetrar vibrações harmoniosas e material "afinado".

Capítulo 6

Os corpos denso e etérico no quinto mês

No quinto mês, notava-se um definido progresso em todos os processos descritos nos capítulos anteriores. A consciência do Ego começava a tocar o nível emocional e a influenciar diretamente a construção do corpo das emoções. A construção e o crescimento do corpo mental já se encontravam suficientemente adiantados para permitir que o Ego retirasse do mesmo a sua atenção.

A linha de comunicação entre o Ego e o feto tornava-se pouco a pouco mais larga. No quarto mês, essa ligação – que se mostrava como um feixe de luz argênteo-azulado – contava aproximadamente quatro centímetros de diâmetro; enquanto no quinto mês ela chegava a seis centímetros e meio. Ao descer dos mundos mais altos, o feixe luminoso entrava no corpo da mãe pelo lado esquerdo, ligeiramente por trás, no ponto em que se dá a mudança das vértebras torácicas para as lombares. Tocava a borda superior externa do *chakra* esplênico, daí passando à cabeça do feto.

A forma do corpo físico é decidida pela do molde etérico,

dentro do qual aquele corpo é construído pelos espíritos da Natureza. Esse molde é produzido pelo poder formativo da vibração do "som" emitido pelo zigoto, pelo átomo permanente e pelos Senhores do *Karma*[15], que o preparam de acordo com o *karma* do indivíduo. Ele é dotado de certa vida elemental própria, constituindo uma precipitação em forma humana do *karma* físico do indivíduo.

O molde é passivo, na medida em que ele não é capaz de tomar a iniciativa de qualquer ação, porém exerce uma influência positiva no crescimento do feto.

Uma possível função do molde etérico será a de possibilitar ao feto passagem segura através dos repetitivos estágios da evolução do passado até a forma humana atual. O próprio molde mental não parece peregrinar por todos esses estágios, embora ele assuma, de modo gradual, a aparência de uma criança em pleno desenvolvimento. Ele também realiza uma função inibitória, que o capacita a impedir que certas influências e condições da mãe cheguem a atingir o feto. Em casos de choque sofrido pela mãe, por exemplo, ele agiria como se fosse uma almofada ou amortecedor. Essas influências, como estão no *karma* do Ego, passam através desse molde etérico, modificando-o nessa passagem, assim como ao crescimento do feto.

O molde, no caso examinado, situava-se dentro da matriz, assemelhando-se ao contorno de um bebê focalizado sob a luz branca. O referido molde era construído de matéria etérica, que

---

[15] São as grandes Inteligências espirituais que guardam os registros e ajustam as complicadas operações da Lei do *Karma*. São também designados *Lipikas* e *Mahārājas*. (*Glossário Teosófico*, Helena P. Blavatsky – Editora Ground)

na superfície externa se comprimia em uma capa ou "pele". O efeito geral era o de um bebê branco cintilante, como que banhado de luar, com luminosidade levemente instável. As feições ainda não se achavam claramente definidas, contudo já se esboçavam de leve.

Foi possível ver o prosseguimento da construção do corpo físico dentro da matriz. Muitas correntes de força convergiam sobre ele, e havia uma intensa atividade dos espíritos construtores nos níveis físico, etérico e astral. O feto parecia agir como um magneto, para o qual eram continuamente atraídas as partículas de matéria.

Foi possível também acompanhar, clarividentemente, a passagem dessas partículas para o ponto em que se agregavam e "sentavam" no corpo. Correntes de força acionadas pela emissão primária das vibrações do "som", acima referidas, mostravam ter influência atrativa sobre essa matéria, conduzindo-a a diferentes partes do corpo, de acordo com seu tipo e sua frequência vibratória. O Ego também afetava a mesma matéria através do dardo de luz já descrito. Podia-se ver a força egoica descer continuamente pelo eixo luminoso, estabelecendo sua própria vibração específica sobre as partículas que eram trazidas. Essa matéria, arrastada de todos os lados, precipitava-se para o corpo da mãe; era apanhada pelas correntes de força, que imediatamente cercavam o feto; e, a seguir, era posta por elas em posição no corpo em crescimento. Uma de tais correntes ligava-se ao duplo etérico do observador, daí resultando que toda matéria que nesse corpo tinha frequência vibratória correspondente à daquela corrente particular via-se arrastada para o corpo do embrião.

A extremidade do feixe luminoso desde o Ego até a mãe formava dentro do feto um "coração" astro-etérico, num ponto correspondente mais ou menos ao plexo solar. Muito da energia vital do corpo também estava concentrado nesse ponto, de onde era distribuído para servir de estímulo à força original de atração que levava a matéria etérica para a matriz.

No fomento da fertilização, um clarão de luz desce do mais alto nível espiritual, do Ego para o espermatozoide; dá-lhe o seu impulso e energia criadora, e lhe infunde poder para a realização do processo já descrito.

A força de atração é, então, liberada; e começa a operar desde o momento em que se forma uma entidade pela combinação das forças positiva e negativa do espermatozoide e do óvulo. A combinação dessas duas forças em condições especiais, tendo por trás delas o ímpeto ou energia criadora, induz um fluxo de força originado no plano astral. Essa condição surge imediatamente nos casos em que um Ego deve encarnar. O átomo permanente físico – reservatório das experiências físicas de vidas passadas – é ligado ao zigoto. Desde esse momento, a força de atração começa a operar. Ela pertence à ordem vibratória do som e "chama" os espíritos da Natureza de diferentes tipos de vibrações.

Essa força também assegura um isolamento etérico, dentro do qual podem se realizar as operações construtivas, conforme o que foi descrito anteriormente. Quando ela colide com a matéria circundante, imprime-lhe a sua própria frequência vibratória, preparando-a dessa forma para a assimilação que incumbe aos espíritos da Natureza. O fluxo de força do astral para o etérico aumenta com o crescimento do feto, de modo que a esfera de influência da força de atração estende-se gradualmente, até atingir todo o tamanho da matriz.

Continuando o crescimento e estando iminente a construção de órgãos especializados, novas séries vibratórias são acrescentadas às existentes, e dá-se a atração de novo tipo de espíritos da Natureza e de matéria.

Capítulo 7

O Sexto Mês

Com a aproximação do sétimo mês, notava-se um aumento considerável de atividade em todos os níveis. Os processos observados anteriormente estavam sendo acelerados, e o Ego fazia chegar a seus corpos, cada vez mais, a sua própria energia vital.

O foco da consciência egoica baixara do corpo mental para o astral, o qual logo haveria de deixar para se estabelecer no etérico. Já por esse tempo, o corpo astral se tornara capaz de servir consideravelmente como veículo para o Ego, no acolhimento de impactos do plano astral. A ação das vibrações e o funcionamento da consciência através daquele corpo estavam produzindo funções orgânicas bem definidas; enquanto isso, os *chakras* começavam a aparecer visíveis.

O próprio Ego ficava mais vivo e com maior capacidade de resposta, no seu próprio plano, aos impactos externos. Agora já era mais fácil tomar contato com ele e obter resposta. O favorável progresso na construção e no crescimento dos novos veículos parecia deixar o Ego mais livre para o contato com a vida no plano causal.

O Ego particular, cuja encarnação estava sendo observada,

tinha certa distinção, beleza de caráter e força de vontade. Foi possível observar, no nível causal, a forma humana idealizada no mais alto grau. O rosto e os olhos estavam radiantes e gloriosos de expressão, delicados e cheios de luz do amor – nem por isso menos esplendentes de poder. Não fora tanto a impressão da figura humana completa da forma causal que se me gravava no cérebro físico, senão a beleza do rosto e dos olhos – a fisionomia, por assim dizer, do "Deus interno".

O contato mais íntimo que fui capaz de estabelecer com o Ego nesse estágio me permitiu partilhar, de certo modo, das condições em que se processava a nova encarnação. A impressão dominante assemelhava-se à de alguém que, ao despertar de um sono prolongado e maravilhosamente reparador, se sentisse completamente restaurado, radiante de força e vitalidade. O Ego que assim despertava parecia ter atingido sua completa estatura, ao surgir avidamente no limiar de seu novo ciclo de encarnação. Sua atmosfera era como a de uma manhã radiosa, de um maravilhoso despontar do Sol na primavera. Grandes esperanças surgiam para esse nascimento. Os planos formados no longo silêncio do repouso celeste desabrochavam para a maturidade. Esquemas de trabalho e maravilhosos recursos de autoexpressão refulgiam na consciência, como os do artista ao começar um novo quadro que viesse a traduzir cabalmente suas aspirações estéticas.

Durante as investigações, evidenciou-se com frequência o fenômeno da multiplicidade de poderes de que dispõe a consciência no nível causal. O meu próprio contato com essa consciência não afetava de nenhuma maneira a concentração de força que estava sendo dirigida para a construção dos novos corpos.

O feixe luminoso, mencionado acima, surgia como elo entre o Ego e o embrião em um ponto dentro do corpo causal que correspondia ao plexo solar da forma humana. Depois, parecendo uma seta de luz de forma afunilada, passava para o corpo mental, onde penetrava pela parte superior; atravessando-o, entrava de maneira semelhante no corpo astral e, por fim, no embrião físico.

Aos seis meses e meio, o dardo luminoso tinha cerca de quinze centímetros de largura nos planos mental e astral, e dez, nas subdivisões etérica e densa do plano físico. A vida e a força do Ego cintilavam em cima e embaixo daquele dardo que, além de formar uma linha de comunicação entre o Ego e o corpo físico, também servia para manter os quatro veículos da personalidade em perfeito alinhamento uns com os outros.

As limitações da consciência cerebral me impediam de traduzir a exata relação dos quatro corpos entre si e a direção seguida pelo feixe luminoso. Os corpos poderiam ser representados num diagrama como que transfixados no feixe de luz, que se figuraria passando alternativamente pela parte superior e pela parte inferior de cada veículo, ligando a todos do mais alto ao mais baixo, por ordem descendente, até alcançar o físico. Em um diagrama, o fenômeno descrito poderia ser verdadeiro; mas na realidade não o era, pois muito embora os corpos parecessem ocupar posição um acima do outro, havia, no entanto, certa superposição do mais alto em relação ao que se lhe seguia imediatamente abaixo, como se a metade superior de um ocupasse a metade inferior do outro.

Talvez essa não seja uma exposição tridimensional inteiramente verdadeira desses fatos. É, todavia, a mais próxima a que posso chegar da consciência cerebral. Ao observar esse fenômeno com a visão e a consciência dos planos superiores, a compreensão que eu formava deles parecia de todo satisfatória.

A passagem desse dardo luminoso através do corpo mental, agora quase plenamente desenvolvido, mantinha dentro dele o processo de magnetização. O veículo mental tornava-se maior e mais brilhantemente luminoso do que no mês anterior. Por esse período, atingira a altura de um metro e quarenta centímetros. Partículas minúsculas e inumeráveis, intensamente coloridas e em contínua movimentação, dentro e à superfície do corpo, produziam cintilante opalescência. A aparência da superfície do corpo mental não era diversa daquela que a neve apresenta sob intensa luz solar, quando os cristais produzem efeitos prismáticos. Esse corpo adquiriu uma densidade de construção bem maior, comparada à de um mês antes. As partículas coloridas achavam-se distribuídas mais uniformemente, e o corpo também estava mais homogêneo.

Já se via a figura interior bem definida, e o homem mental começava a mostrar distintamente certo grau de consciência. A maravilhosa atmosfera de frescor e prístina pureza, observada no nível causal, era também marcante característica no mental.

Quanto mais próximo o sétimo mês, maior a atividade do Ego concentrada sobre o corpo astral. O método empregado assemelhava-se ao descrito quando se tratou do mental, embora aqui a capacidade de resposta da matéria fosse muito menor. Havia a aparência de uma abertura circular na parte superior do corpo astral, cujas bordas estavam claramente dispostas à semelhança da corola central de uma flor, sugerindo uma composição de pétalas deitadas em torno dela, sobre a periferia daquele corpo, acompanhando a forma ovoide que o mesmo apresentava.

O feixe de luz penetrava naquela abertura circular, que assim dava ideia de um *chakra brahmarandhra* embrionário. Olhando-se de cima aquela abertura, tinha-se a impressão de um grande girassol. O cerne do feixe passava pelo coração da "flor", que aproximadamente contava cinco centímetros de diâmetro, ao passo que toda a "flor" tinha no mínimo quinze centímetros. As pétalas se encurvavam para baixo e para dentro, na direção do centro, e passavam à forma de pedúnculo alongado pelo cimo da cabeça do duplicado astral para o centro deste, onde havia um ponto que refulgia com luminosidade amarelo-dourada.

Desse ponto, a força descendente produzia quatro raios cruciformes que seguiam as linhas das suturas do crânio físico. A corrente principal da força egoica passava ainda além, para atravessar um pouco abaixo o *chakra* da garganta, onde havia uma concentração para dentro do coração e do plexo solar. Esses três centros de forças eram visíveis no embrião.

Nessa fase, o Ego ainda estava agindo sobre o corpo astral, mais sobre ele que a partir de seu interior. Até então, revelava-se pouca ou nenhuma autoconsciência; ao contrário do plano mental, onde esta já começava a se manifestar.

Nesse estágio, o corpo astral ocupava o espaço desde o ombro ao joelho da mãe, em posição quase ereta, com ligeira inclinação do ombro esquerdo para o joelho direito. A aura materna ainda era proporcionalmente extensa para incluí-lo. A distinção e separação entre as duas auras continuavam a ser perceptíveis.

A "criança" astral achava-se em estado de sonolência, povoada de sonhos; e as várias mudanças de consciência apareciam acima e através do corpo astral como esmaecidas alterações de cor. Ocasionalmente, a "criança" era despertada desse estado de consciência pelos impulsos do Ego e levemente agitada, como alguém que estivesse meio acordado. O efeito sobre o corpo das emoções – dessas atividades sonhadoras da consciência astral, em seu desabrochar – se pareciam com as vagarosas mutações de cores num céu de ocaso.

Culminava esse efeito graças à aparência do próprio duplicado astral, que brilhava com aquela tremulante luminosidade do Sol ao mergulhar no horizonte.

O embrião físico parecia servir de fulcro ou âncora para o Ego. O contato direto entre ambos tinha um efeito estabilizante sobre os corpos sutis, mantendo-os "em linha" e sob o controle do Ego. O embrião físico sentia a ação da força proveniente dos planos mais altos como um impulso contínuo à busca de movimento.

As consciências física, etérica e astral formavam uma unidade nessa fase de desenvolvimento, sendo que o apercebimento externo e interno, revelado por tal unidade, estava situado mais no nível astral.

No plano físico, a corrente de força que representava a consciência do Ego concentrava-se por cima e por dentro da cabeça do feto, de onde descia à espinha, mostrando-se amarelo-claro ou quase da cor da luz branca. Foi interessante observar a diferença entre aquela força e o dardo ou feixe luminoso que servia de ligação entre os veículos e representava o poder ou força de vida do Ego, o qual passava do corpo astral para a cabeça, descia através da garganta e do coração, e terminava finalmente no plexo solar. Essa última corrente, claramente visível no feto, fluía com a corrente cérebro-espinhal até a vértebra embrionária atlas[16], através das quais ambas desciam. Abaixo desse nível, no entanto, as duas correntes seguiam rumos diversos.

Via-se pulsar o sangue com as batidas cardíacas do embrião físico, que também parecia possuir um sentido difuso de calor e conforto. Quando o impulso consciente do Ego toca pela primeira vez o embrião físico, depois de ter passado pelos corpos mental e astral, dá-se um aceleramento. Pode-se dizer que a encarnação física começa propriamente nesse momento, pois é então que o Ego tem o seu primeiro contato consciente com o novo corpo físico.

---

[16] A primeira vértebra cervical, que sustenta a cabeça. (Dicionário Aurélio da Língua Portuguesa – 5ª edição, Editora Positivo).

Capítulo 8

O Oitavo Mês

A observação seguinte foi feita no oitavo mês, quando se notava uma atividade muito aumentada e uma expressão mais plena da força de vida egoica nos três planos. Sob a direção do próprio Ego, sua consciência dirige-se em grau bem maior para o plano físico. O Ego havia então estabelecido um foco ou centro de sua consciência dentro da nova personalidade, de maneira a tornar-se menos "estranho" a ela do que durante os oito meses precedentes. Esse fato lhe traria mais limitação do que em qualquer outra circunstância, mesmo depois de a personalidade ter atingido a idade adulta.

Em outras palavras, parecia que o Ego dava mais de si mesmo à personalidade nesse período de um mês antes do nascimento do que em qualquer outra época durante a encarnação. Mesmo assim, restava apreciável liberdade de vida e de ação ao Ego no nível causal. O dardo de luz atingiu, nessa ocasião, cerca de trinta e cinco centímetros de largura ao deixar o corpo causal, podendo-se então ver a forma humana glorificada do Deus interno a contemplar intensamente o corpo físico da criança.

A consciência do Ego, firmemente estabelecida nos corpos mental e astral, havia penetrado, pelos níveis astrais mais baixos, no corpo etérico, sobre o qual atuavam livremente os seus poderes.

Os corpos mental e astral apareciam completos e semelhantes um ao outro. Ambos apresentavam, à superfície, a aparência da alvura iridescente das pérolas, cercados de emanações e radiações da mesma cor. Os átomos de que se compunham vibravam com maior rapidez ainda, e observava-se um contínuo movimento no interior dos mesmos.

Via-se passar o feixe de luz do Ego para a grande depressão de forma afunilada na parte superior do corpo mental – depois de entrar pela cabeça do duplicado mental, à altura da fontanela anterior –, e por fim alargar-se, a ponto de incluir toda a cabeça. Quanto ao corpo mental, tornava-se mais alongado, atingindo um pouco mais de um metro e meio de altura, enquanto que a forma humana, no centro, já excedia a um metro. Embora a construção desse corpo parecesse completa, ele não se apercebia do que o rodeava externamente, nem era ainda capaz de ser usado como veículo separado. Conforme o que foi dito anteriormente, o foco da consciência encontrava-se, nesse estágio, no nível astroetérico, apenas passando pelo corpo mental, vivificando-o.

Realizava-se no nível astral um progresso correspondente, de modo que o corpo emocional se estendia do ombro até um ponto entre os joelhos e os calcanhares maternos. O anjo astral associava-se muito de perto ao mencionado corpo. Enquanto estava sendo feita a observação, ele aparecia por trás da mãe; e o novo corpo astral, inserido na aura do anjo, formava protuberância semelhante a um ovo multicor.

A consciência do anjo encontrava-se fixamente concentrada no seu encargo, pelo qual tomava o maior interesse possível, agasalhando-o e protegendo-o das influências externas. Toda a sua atitude era a de quem estava produzindo uma delicadíssima obra de arte – algo tão raro, de tão alto preço e tão maravilhoso que o maior esforço, o máximo cuidado e mesmo reverência deviam ser empregados para levá-lo à perfeição.

A assistência do anjo prestada à mãe era semelhante. A bela aura angélica cobria-a como a um manto, lançado sobre ela por trás. Esse manto era de linda cor azul, ambos recobrindo, o anjo e a mãe, de amplas vestes áuricas, providas de um capuz que passava por cima do deva e produzia notável semelhança entre ele e Nossa Senhora. Um luminoso brilho azulado dava excepcional beleza à porção superior da aura do anjo, como se estivesse usando um manto azul de luz viva.

Capítulo 9

Nossa Senhora

Descobrimos que a mudança na aparência do anjo, observada no oitavo mês, era produzida por uma descida de forças dos mundos superiores, a qual se efetuava através do anjo para a mãe e para a criança.

O meu empenho em descobrir a fonte desse poder elevou-me a um nível de consciência que normalmente está acima do meu alcance. E nos reinos espirituais em que fui despertando por sua influência, foi revelada a presença daquela personificação do princípio feminino na Divindade, que entre os povos antigos era reconhecida como Ísis, Vênus e Ishtar, e em tempos mais recentes, como a Virgem Maria.

Mesmo à minha visão inexperiente e imperfeita, sua gloriosa beleza e perfeição eram muito notáveis.

Ela é radiante e linda, além de toda descrição; e brilhava como a encarnação da perfeita feminilidade, a apoteose da beleza, do amor e da ternura. Nela reside a glória da Divindade. Através de seus olhos maravilhosos refulge uma felicidade radiosa, um êxtase de alegria espiritual.

Apesar da intensidade de sua exaltação, o seu olhar é brando e terno, e nele transparece o riso ditoso das crianças e o calmo e profundo contentamento da maturidade.

Sua aura esplêndida, de brilhantes e delicados coloridos, forma em torno d'Ela um halo radiante de glória, ocultando e ao mesmo tempo revelando Seu amor imortal.

O azul profundo, o branco argênteo, o róseo, o amarelo dourado e o delicado verde das folhas tenras na primavera fluem com todo o esplendor na roupagem de Sua aura, formando ondas e ondas de cor.

Com frequência, o rico azul profundo permeia toda a aura da Virgem, iluminada por estrelas e cintilações de matizes prateados.

Os anjos guardiães são seus servos e mensageiros. Por intermédio deles Ela esteve presente desde o princípio, guardando mãe e filho. Sua paz, amor e profunda compaixão os envolviam, evocados pelo sacramento da maternidade que se acercava – o mistério do nascimento. Agora, aproximando-se da hora do parto, Ela chegou tão perto que seus anjos servidores se lhe assemelhavam, à medida que uma crescente abundância da sua força e da sua sabedoria se tornava evidente por eles e neles. Ela estava dia a dia mais próxima, até que a Sua Presença real manifestou-se. Além da ajuda que Sua divina Presença dá aos Egos da mãe e da criança, em todos os níveis, e das influências de calma e de harmonia que difunde, Ela estava vigilante quanto às mudanças emocionais e mentais da mãe, sofrendo com a mãe as experiências e até mesmo partilhando de suas dores. Ao mesmo tempo, Ela ajuda nas expansões de consciência pelas quais, em certo grau, toda mãe passa durante aquele período de sacrifício. Essas expansões se traduzem em crescimento, tanto para o indivíduo como para a Raça.

Nossa Senhora vela pela Raça do futuro, quando o casamento e a paternidade serão exaltados, quando eles tomarão o devido e próprio lugar na vida dos homens como sacramentos espirituais, por cujo meio somente poderá nascer uma Raça pura – como Ela é pura –, capaz de revelar algo da perfeição divina. Nessa época nascerão corpos dignos de serem habitados como templos pelos Deuses em evolução.

Por minhas meditações e conforme me foi dado tocar a orla de sua poderosa consciência, verifiquei que Ela trabalha continuamente para imprimir esses grandes ideais na humanidade. Ela é una com todas as mulheres da Raça humana desse planeta; voluntariamente absorve em si os sofrimentos das mulheres; partilha com elas as aflições e as dores do parto; com elas sofre a aspereza e brutalidade que mortificam a vida das infelizes. Tudo isso ela recebe em si, a fim de mais intimamente partilhar com suas irmãs terrenas a sua divina compaixão, sua força, sua perfeita pureza, sua presença vivificadora, e prodigalizar-lhes as bênçãos da Mãe do Mundo. Vi também que Ela participa de todas as alegrias do primeiro amor; que toda a felicidade da verdadeira afeição entre homem e mulher encontra eco em seu coração; e que Ela a preenche do ilimitado oceano de seu próprio amor sublimado e ardente alegria. Nossa Senhora procura aumentar, abençoar, enriquecer e purificar toda aquela maravilhosa profundeza de amor que pode nascer do coração de uma mulher. A lascívia, em que tão comumente se perverte o amor,

Ela conhece e procura transformar, recebendo os venenos em seu próprio coração, a fim de transformá-los numa porção de amor verdadeiro e espargi-lo como poder que eleva as mulheres do mundo inteiro, exalta o amor humano e purifica o sacramento da maternidade. Assim, Ela desempenha o seu grande papel no Plano e toma o lugar que lhe cabe na Hierarquia d'Aqueles que, tendo aprendido a viver no Eterno, submetem-se voluntariamente à prisão do tempo.

Capítulo 10

O Oitavo Mês (Continuação)

Continuemos o relato das investigações sobre o progresso da encarnação no oitavo mês. Completou-se, nessa ocasião, o mecanismo da consciência, pelo menos no que afetava a cabeça do corpo astral, mas era claro que ela não poderia operar em nível mais baixo enquanto o corpo físico não estivesse suficientemente desenvolvido.

O feixe central de luz penetrava na cabeça pela fontanela anterior; e o que sobrava dele fluía por cima e através do resto do corpo físico. Quando o cerne daquele feixe atingia uma posição correspondente à glândula pineal, ele se alargava como um bulbo, que incluía tanto a glândula pituitária como a pineal.

Os ventrículos cerebrais estavam praticamente inativos nessa fase, ao passo que as glândulas pituitária e pineal achavam-se completamente formadas. Encontravam-se indicações das três linhas de força dentro do bulbo, na extremidade do dardo descendente. Duas de tais linhas entravam na glândula pituitária e na pineal, respectivamente, enquanto a terceira fluía em direção à vértebra atlas.

O duplo etérico do corpo pituitário assumia o molde de um botão de tulipa, com as pétalas ligeiramente curvas na parte de cima, formando uma abertura pela qual passava a corrente. O feixe luminoso brilhava com maior fulgor naquela extremidade; o contorno do embrionário *chakra ājñā* [17] era visível dentro do duplo etérico, e algo semelhante a um caniço oco, provido de miolo, para baixo do qual a corrente da força descendente era incapaz de passar. O ponto em que o *chakra* sai do corpo pituitário estava fechado pela parede etérica da pele da própria glândula.

A glândula pineal achava-se em condição semelhante, mas a luminosidade era maior e produzia o efeito de uma língua de chama pontiaguda, em que se via um pouco de azul. A passagem etérica que comunicava esses dois centros com a fontanela anterior estava fechada pela matéria do duplo etérico, de maneira semelhante à que se observava no *chakra ājñā*, embora aqui as partículas fossem menos ativas e o miolo menos denso, como se a vida egoica o magnetizasse e produzisse uma frequência vibratória mais rápida. As partículas no interior estavam isoladas do restante do duplo etérico pela parede etérica da passagem.

O terceiro fluxo das correntes cérebro-espinhais ainda não estava transitando livremente pela espinha abaixo. Inumeráveis ramificações estendiam-se da base do bulbo central da cabeça para baixo e penetravam no duplo etérico da garganta.

A força fluía através delas e descia pela garganta até a altura do coração, onde havia outro alargamento com o formato de bulbo, porém muito menor, semelhante ao da cabeça e ocupando um espaço de aproximadamente um quarto do conteúdo cúbico do coração.

---

[17] O sexto *chakra*, localizado entre as sobrancelhas. (*Glossário Teosófico*, Helena P. Blavatsky – Editora Ground)

Os *chakras* astrais eram visíveis nessa fase e já se encontravam relativamente em justaposição com os quatro centros físicos mencionados acima, mas só a glândula pineal e o *chakra brahmarandhra* pareciam ajustados e ligados completamente. Não havia, contudo, conexão orgânica ou fluxo de força nessa fase. Os centros etéricos encontravam-se dentro do campo magnético dos *chakras* astrais, mas ainda não estavam funcionando, como acontece após o nascimento.

Capítulo 11

A hora que antecede o nascimento

A observação final do caso, de que se recolheu a maior parte da matéria contida nestas descrições, foi feita uma hora e meia antes do nascimento.

Nessa ocasião, os anjos do mental superior e do inferior tinham-se desligado da associação que vinham mantendo com o Ego e seus novos corpos; estava concluído o trabalho dos devas, não sendo mais necessária sua presença.

O anjo astral também havia partido, mas permanecia a forma-pensamento de Nossa Senhora, que já não era vivificada pela consciência do anjo construtor do astral, mas pela própria forma da nossa abençoada Senhora. A divina Figura estava agora dissociada da mãe e da criança, do lado esquerdo, próximo à cabeceira do leito, inclinada sobre a mãe, numa atitude de suprema ternura e proteção.

Essa presença de Maria, Nossa Senhora, impedia os corpos mental e emocional da mãe de vibrarem em resposta à dor, além de um grau compatível com a manutenção da consciência no corpo físico. A dor não podia ser diminuída aquém de um determinado ponto, mas ficava reduzido ao mínimo o seu efeito sobre os corpos sutis.

Na realidade, graças à Sua Presença, a consciência pessoal da mãe se mantinha num estado de calma e equilíbrio, apesar do agudo sofrimento físico.

Mãe e filho achavam-se envoltos numa atmosfera de força e esplendor espirituais que irradiava de sua augusta Presença, e eram assim mantidos até ser completado o nascimento.

Nos planos internos, todo o quarto ficou impregnado de uma atmosfera de paz e santidade. Anjos servos de Nossa Senhora assistiam com a sua presença; e tanto a mãe como a criança recebiam a irradiação do amor e da bênção da Mãe Divina. Ao se aproximar o momento do parto, a sua forma refulgia e aumentava de tamanho à medida que através dela Sua consciência e Sua vida encontravam maior grau de manifestação, trazendo luz e bênçãos à mãe e ao filho.

Terminado o parto, Ela retirou-se. A divina Figura, contudo, desintegrou-se lentamente, demorando o processo de oito a dez horas.

Depois de os anjos se retirarem e de o processo do nascimento ter iniciado, o contato do Ego com o corpo físico ficou sensivelmente diminuído, praticamente desaparecendo imediatamente após o nascimento. Pôde-se presumir, por conseguinte, que o fato de os veículos superiores da criança estarem inclusos nos da mãe e protegidos pelos anjos habilitou o Ego a obter um contato mais íntimo com o seu novo corpo físico do que aquele que possui após o nascimento.

Essa mudança era sentida muito distintamente pelo Ego,

que experimentava uma sensação de perda e se apercebia da sua completa incapacidade de funcionar em seu novo corpo conscientemente ou de afetá-lo. Nos momentos que precediam imediatamente o parto, a ligação entre ambos era visível, podendo-se distinguir o dardo luminoso atravessando a fontanela anterior. Todavia, esse dardo consistia agora mais de energia magnética suprafísica e de *prāna* do que de consciência egoica, que, então, não descia abaixo do nível astral. As contrapartes densa e etérica do corpo físico eram incapazes, nessa fase, de transmitir a força da consciência egoica.

Depois do nascimento, o Ego passa a empreender a tarefa de aprender gradativamente a obter por si próprio aquilo que a presença dos anjos e a imersão na aura da mãe haviam lhe possibilitado durante o período de gestação.

Com essa última observação, concluo as minhas pesquisas sobre esse importante assunto. Reconheço a necessidade de investigações posteriores antes que os princípios sugeridos por esse estudo possam ficar plenamente estabelecidos e compreendidos. A obra é, portanto, limitada e incompleta. Ofereço-a no presente estado com a esperança de que outros estudantes venham a empreender o trabalho ulterior de pesquisa e investigação e de que eu mesmo venha a ter ainda o privilégio de observar outros casos nesse importantíssimo período da vida.

Livros para viver melhor

Saúde e Espiritualidade
Uma Visão Oculta da Saúde e da Doença
Geoffrey Hodson

As teorias apresentadas neste livro foram elaboradas através do estudo clarividente de um amplo número de casos que estiveram sob os cuidados do autor ao longo de vários anos. Hodson contribuiu decisivamente para a cura de milhares de pessoas, durante a maior parte dos seus 96 anos de vida.

É possível seguir o caminho espiritual da comunhão crescente com as forças divinas que governam o Universo. Tal é o tema eminentemente prático desta obra.

A Suprema Realização através do Yoga
Geoffrey Hodson

Nesta obra, o leitor ficará surpreso com o vasto manancial de informações sobre técnicas das várias modalidades de *yoga*, incluindo *mantra-yoga*, *bhakti yoga* e *ātma-yoga*. Além das técnicas, o autor apresenta os pré-requisitos e alerta sobre os perigos da prática do *yoga* sem a devida orientação.

Informações sobre Teosofia e o Caminho Espiritual podem ser obtidas na Sociedade Teosófica no Brasil, no seguinte endereço: SGAS - Quadra 603, Conj. E, s/nº, CEP 70.200-630 Brasília, DF. O telefone é (61) 3226-0662. Também podem ser feitos contatos pelo telefax (61) 3226-3703 ou e-mail: st@sociedadeteosofica.org.br - www.sociedadeteosofica.org.br.

(61) 3344-3101
papelecores@gmail.com